中华人民共和国民族区域自治法

中国法制出版社

中华人民共和国民族区域自治法
ZHONGHUA RENMIN GONGHEGUO MINZU QUYU ZIZHIFA

经销/新华书店
印刷/保定市中画美凯印刷有限公司
开本/850毫米×1168毫米 32开　　　　　印张/1　字数/17千
版次/2023年7月第1版　　　　　　　　　2023年7月第1次印刷

中国法制出版社出版
书号 ISBN 978-7-5216-3751-9　　　　　　　定价：4.00元

北京市西城区西便门西里甲16号西便门办公区
邮政编码：100053　　　　　　　　　传真：010-63141600
网址：http://www.zgfzs.com　　　　编辑部电话：010-63141673
市场营销部电话：010-63141612　　　印务部电话：010-63141606

（如有印装质量问题，请与本社印务部联系。）

目 录

中华人民共和国主席令（第四十六号） ……………（1）
全国人民代表大会常务委员会关于修改《中华
　人民共和国民族区域自治法》的决定 ……………（2）
中华人民共和国民族区域自治法 ……………………（11）

中华人民共和国主席令

第四十六号

《全国人民代表大会常务委员会关于修改〈中华人民共和国民族区域自治法〉的决定》已由中华人民共和国第九届全国人民代表大会常务委员会第二十次会议于2001年2月28日通过，现予公布，自公布之日起施行。

中华人民共和国主席　江泽民

2001年2月28日

全国人民代表大会常务委员会关于修改《中华人民共和国民族区域自治法》的决定

(2001年2月28日第九届全国人民代表大会常务委员会第二十次会议通过)

第九届全国人民代表大会常务委员会第二十次会议决定对《中华人民共和国民族区域自治法》作如下修改:

一、序言第一自然段修改为:"中华人民共和国是全国各族人民共同缔造的统一的多民族国家。民族区域自治是中国共产党运用马克思列宁主义解决我国民族问题的基本政策,是国家的一项基本政治制度。"

第三自然段修改为:"实行民族区域自治,对发挥各族人民当家作主的积极性,发展平等、团结、互助的社会主义民族关系,巩固国家的统一,促进民族自治地方和全国社会主义建设事业的发展,都起了巨大的作用。今后,继续坚持和完善民族区域自治制度,使这一制度在国家的社会主义现代化建设进程中发挥更大的作用。"

第五自然段修改为:"民族自治地方的各族人民和全国人民一道,在中国共产党的领导下,在马克思列宁主义、毛泽东思想、邓小平理论的指引下,坚持人民民主专政,坚持改革开放，沿着建设有中国特色社会主义的道路，集中力量进行社会主义现代化建设，发展社会主义市场经济，加强社会主义民主与法制建设，加强社会主义精神文明建设，加速民族自治地方经济、文化的发展，建设团结、繁荣的民族自治地方，为各民族的共同繁荣，把祖国建设成为富强、民主、文明的社会主义国家而努力奋斗。"

二、第十四条第二款修改为："民族自治地方一经建立，未经法定程序，不得撤销或者合并；民族自治地方的区域界线一经确定，未经法定程序，不得变动；确实需要撤销、合并或者变动的，由上级国家机关的有关部门和民族自治地方的自治机关充分协商拟定，按照法定程序报请批准。"

三、第十七条第一款修改为："自治区主席、自治州州长、自治县县长由实行区域自治的民族的公民担任。自治区、自治州、自治县的人民政府的其他组成人员，应当合理配备实行区域自治的民族和其他少数民族的人员。"

四、第十八条修改为："民族自治地方的自治机关所属工作部门的干部中，应当合理配备实行区域自治的民族和其他少数民族的人员。"

五、第十九条修改为："民族自治地方的人民代表大会有权依照当地民族的政治、经济和文化的特点，制定自治条例和单行条例。自治区的自治条例和单行条例，报全国人民代表大会常务委员会批准后生效。自治州、自治县的自治条例和单行条例报省、自治区、直辖市的人民代表大会常务委员会批准后生效，并报全国人民代表大会常务委员会和国务院备案。"并在第十六条、第三十四条和第三十五条中的"自治区"后增写"直辖市"。

六、第二十条修改为:"上级国家机关的决议、决定、命令和指示,如有不适合民族自治地方实际情况的,自治机关可以报经该上级国家机关批准,变通执行或者停止执行;该上级国家机关应当在收到报告之日起六十日内给予答复。"

七、第二十二条增加一款作为第二款:"民族自治地方的自治机关录用工作人员的时候,对实行区域自治的民族和其他少数民族的人员应当给予适当的照顾。"

八、第二十三条修改为:"民族自治地方的企业、事业单位依照国家规定招收人员时,优先招收少数民族人员,并且可以从农村和牧区少数民族人口中招收。"

九、第二十五条、第二十六条合并为一条,作为第二十五条,修改为:"民族自治地方的自治机关在国家计划的指导下,根据本地方的特点和需要,制定经济建设的方针、政策和计划,自主地安排和管理地方性的经济建设事业。"

十、第二十七条第一款改为第二十六条,修改为:"民族自治地方的自治机关在坚持社会主义原则的前提下,根据法律规定和本地方经济发展的特点,合理调整生产关系和经济结构,努力发展社会主义市场经济。"

增加一款作为第二款:"民族自治地方的自治机关坚持公有制为主体、多种所有制经济共同发展的基本经济制度,鼓励发展非公有制经济。"

十一、第二十八条第二款改为第二十七条第二款,修改为:"民族自治地方的自治机关保护、建设草原和森林,组织和鼓励植树种草。禁止任何组织或者个人利用任何手段破坏草原和森林。严禁在草原和森林毁草毁林开垦耕地。"

十二、删去第三十一条。

十三、第三十二条改为第三十一条,第三款修改为:"民族自治地方在对外经济贸易活动中,享受国家的优惠政策。"

十四、第三十三条改为第三十二条,第三款、第四款合并修改为:"民族自治地方在全国统一的财政体制下,通过国家实行的规范的财政转移支付制度,享受上级财政的照顾。"

十五、增加一条作为第三十五条:"民族自治地方根据本地方经济和社会发展的需要,可以依照法律规定设立地方商业银行和城乡信用合作组织。"

十六、第三十七条第一款修改为:"民族自治地方的自治机关自主地发展民族教育,扫除文盲,举办各类学校,普及九年义务教育,采取多种形式发展普通高级中等教育和中等职业技术教育,根据条件和需要发展高等教育,培养各少数民族专业人才。"

第二款修改为:"民族自治地方的自治机关为少数民族牧区和经济困难、居住分散的少数民族山区,设立以寄宿为主和助学金为主的公办民族小学和民族中学,保障就读学生完成义务教育阶段的学业。办学经费和助学金由当地财政解决,当地财政困难的,上级财政应当给予补助。"

第三款修改为:"招收少数民族学生为主的学校(班级)和其他教育机构,有条件的应当采用少数民族文字的课本,并用少数民族语言讲课;根据情况从小学低年级或者高年级起开设汉语文课程,推广全国通用的普通话和规范汉字。"

增加一款作为第四款:"各级人民政府要在财政方面扶持少数民族文字的教材和出版物的编译和出版工作。"

十七、第三十八条第一款修改为:"民族自治地方的自治机关自主地发展具有民族形式和民族特点的文学、艺术、新闻、出版、广播、电影、电视等民族文化事业。加大对文化事业的投入，加强文化设施建设，加快各项文化事业的发展。"

第二款修改为："民族自治地方的自治机关组织、支持有关单位和部门收集、整理、翻译和出版民族历史文化书籍，保护民族的名胜古迹、珍贵文物和其他重要历史文化遗产，继承和发展优秀的民族传统文化。"

十八、第四十条第二款修改为："民族自治地方的自治机关加强对传染病、地方病的预防控制工作和妇幼卫生保健，改善医疗卫生条件。"

十九、第四十四条增加一款作为第一款："民族自治地方实行计划生育和优生优育，提高各民族人口素质。"

二十、第四十五条修改为："民族自治地方的自治机关保护和改善生活环境和生态环境，防治污染和其他公害，实现人口、资源和环境的协调发展。"

二十一、第四十七条修改为："民族自治地方的人民法院和人民检察院应当用当地通用的语言审理和检察案件，并合理配备通晓当地通用的少数民族语言文字的人员。对于不通晓当地通用的语言文字的诉讼参与人，应当为他们提供翻译。法律文书应当根据实际需要，使用当地通用的一种或者几种文字。保障各民族公民都有使用本民族语言文字进行诉讼的权利。"

二十二、第五十条第二款修改为："民族自治地方的自治机关帮助本地方各民族发展经济、教育、科学技术、文化、卫生、体育事业。"

二十三、第六章标题修改为"上级国家机关的职责"。

二十四、第五十五条第一款修改为："上级国家机关应当帮助、指导民族自治地方经济发展战略的研究、制定和实施，从财政、金融、物资、技术和人才等方面，帮助各民族自治地方加速发展经济、教育、科学技术、文化、卫生、体育等事业。"

增加一款作为第二款："国家制定优惠政策，引导和鼓励国内外资金投向民族自治地方。"

二十五、增加一条作为第五十六条："国家根据统一规划和市场需求，优先在民族自治地方合理安排资源开发项目和基础设施建设项目。国家在重大基础设施投资项目中适当增加投资比重和政策性银行贷款比重。""国家在民族自治地方安排基础设施建设，需要民族自治地方配套资金的，根据不同情况给予减少或者免除配套资金的照顾。""国家帮助民族自治地方加快实用科技开发和成果转化，大力推广实用技术和有条件发展的高新技术，积极引导科技人才向民族自治地方合理流动。国家向民族自治地方提供转移建设项目的时候，根据当地的条件，提供先进、适用的设备和工艺。"

二十六、增加一条作为第五十七条："国家根据民族自治地方的经济发展特点和需要，综合运用货币市场和资本市场，加大对民族自治地方的金融扶持力度。金融机构对民族自治地方的固定资产投资项目和符合国家产业政策的企业，在开发资源、发展多种经济方面的合理资金需求，应当给予重点扶持。""国家鼓励商业银行加大对民族自治地方的信贷投入，积极支持当地企业的合理资金需求。"

二十七、增加一条作为第五十八条："上级国家机关从财政、金融、人才等方面帮助民族自治地方的企业进行技术创新,促进产业结构升级。""上级国家机关应当组织和鼓励民族自治地方的企业管理人员和技术人员到经济发达地区学习,同时引导和鼓励经济发达地区的企业管理人员和技术人员到民族自治地方的企业工作。"

二十八、第五十七条改为第六十条,修改为:"上级国家机关根据国家的民族贸易政策和民族自治地方的需要,对民族自治地方的商业、供销和医药企业,从投资、金融、税收等方面给予扶持。"

二十九、增加一条作为第六十一条:"国家制定优惠政策,扶持民族自治地方发展对外经济贸易,扩大民族自治地方生产企业对外贸易经营自主权,鼓励发展地方优势产品出口,实行优惠的边境贸易政策。"

三十、第五十八条改为第六十二条,修改为:"随着国民经济的发展和财政收入的增长,上级财政逐步加大对民族自治地方财政转移支付力度。通过一般性财政转移支付、专项财政转移支付、民族优惠政策财政转移支付以及国家确定的其他方式,增加对民族自治地方的资金投入,用于加快民族自治地方经济发展和社会进步,逐步缩小与发达地区的差距。"

三十一、删去第五十九条。

三十二、第六十条改为第六十三条,修改为:"上级国家机关在投资、金融、税收等方面扶持民族自治地方改善农业、牧业、林业等生产条件和水利、交通、能源、通信等基础设施;扶持民族自治地方合理利用本地资源发展地方工业、乡镇企业、中小企业以及少数民族特需商品和传统手工业品的生产。"

三十三、第六十一条改为第六十四条，修改为："上级国家机关应当组织、支持和鼓励经济发达地区与民族自治地方开展经济、技术协作和多层次、多方面的对口支援，帮助和促进民族自治地方经济、教育、科学技术、文化、卫生、体育事业的发展。"

三十四、第六十二条改为第六十五条，第一款修改为："国家在民族自治地方开发资源、进行建设的时候，应当照顾民族自治地方的利益，作出有利于民族自治地方经济建设的安排，照顾当地少数民族的生产和生活。国家采取措施，对输出自然资源的民族自治地方给予一定的利益补偿。"

增加一款作为第二款："国家引导和鼓励经济发达地区的企业按照互惠互利的原则，到民族自治地方投资，开展多种形式的经济合作。"

三十五、增加一条作为第六十六条："上级国家机关应当把民族自治地方的重大生态平衡、环境保护的综合治理工程项目纳入国民经济和社会发展计划，统一部署。""民族自治地方为国家的生态平衡、环境保护作出贡献的，国家给予一定的利益补偿。""任何组织和个人在民族自治地方开发资源、进行建设的时候，要采取有效措施，保护和改善当地的生活环境和生态环境，防治污染和其他公害。"

三十六、第六十二条第二款、第三款合并作为第六十七条，修改为："上级国家机关隶属的在民族自治地方的企业、事业单位依照国家规定招收人员时，优先招收当地少数民族人员。""在民族自治地方的企业、事业单位，应当尊重当地自治机关的自治权，遵守当地自治条例、单行条例和地方性法规、规章，接受当地自治机关的监督。"

三十七、增加一条作为第六十九条:"国家和上级人民政府应当从财政、金融、物资、技术、人才等方面加大对民族自治地方的贫困地区的扶持力度,帮助贫困人口尽快摆脱贫困状况,实现小康。"

三十八、第六十五条改为第七十一条,修改为:"国家加大对民族自治地方的教育投入,并采取特殊措施,帮助民族自治地方加速普及九年义务教育和发展其他教育事业,提高各民族人民的科学文化水平。""国家举办民族高等学校,在高等学校举办民族班、民族预科,专门或者主要招收少数民族学生,并且可以采取定向招生、定向分配的办法。高等学校和中等专业学校招收新生的时候,对少数民族考生适当放宽录取标准和条件,对人口特少的少数民族考生给予特殊照顾。各级人民政府和学校应当采取多种措施帮助家庭经济困难的少数民族学生完成学业。""国家在发达地区举办民族中学或者在普通中学开设民族班,招收少数民族学生实施中等教育。""国家帮助民族自治地方培养和培训各民族教师。国家组织和鼓励各民族教师和符合任职条件的各民族毕业生到民族自治地方从事教育教学工作,并给予他们相应的优惠待遇。"

三十九、第七章"附则"增加一条作为第七十三条:"国务院及其有关部门应当在职权范围内,为实施本法分别制定行政法规、规章、具体措施和办法。""自治区和辖有自治州、自治县的省、直辖市的人民代表大会及其常务委员会结合当地实际情况,制定实施本法的具体办法。"

本决定自公布之日起施行。

《中华人民共和国民族区域自治法》根据本决定作相应的修改并对条款顺序作相应调整,重新公布。

中华人民共和国民族区域自治法

(1984年5月31日第六届全国人民代表大会第二次会议通过 根据2001年2月28日第九届全国人民代表大会常务委员会第二十次会议《关于修改〈中华人民共和国民族区域自治法〉的决定》修正)

目 录

序　　言
第一章　总　　则
第二章　民族自治地方的建立和自治机关的组成
第三章　自治机关的自治权
第四章　民族自治地方的人民法院和人民检察院
第五章　民族自治地方内的民族关系
第六章　上级国家机关的职责
第七章　附　　则

序　　言

中华人民共和国是全国各族人民共同缔造的统一的多民族国家。民族区域自治是中国共产党运用马克思列宁主义解决我国民族问题的基本政策，是国家的一项基本政治制度。

民族区域自治是在国家统一领导下，各少数民族聚居的地方实行区域自治，设立自治机关，行使自治权。实行民族区域自治，体现了国家充分尊重和保障各少数民族管理本民族内部事务权利的精神，体现了国家坚持实行各民族平等、团结和共同繁荣的原则。

实行民族区域自治，对发挥各族人民当家作主的积极性，发展平等、团结、互助的社会主义民族关系，巩固国家的统一，促进民族自治地方和全国社会主义建设事业的发展，都起了巨大的作用。今后，继续坚持和完善民族区域自治制度，使这一制度在国家的社会主义现代化建设进程中发挥更大的作用。

实践证明，坚持实行民族区域自治，必须切实保障民族自治地方根据本地实际情况贯彻执行国家的法律和政策；必须大量培养少数民族的各级干部、各种专业人才和技术工人；民族自治地方必须发扬自力更生、艰苦奋斗精神，努力发展本地方的社会主义建设事业，为国家建设作出贡献；国家根据国民经济和社会发展计划，努力帮助民族自治地方加速经济和文化的发展。在维护民族团结的斗争中，要反对大民族主义，主要是大汉族主义，也要反对地方民族主义。

民族自治地方的各族人民和全国人民一道，在中国共产党的领导下，在马克思列宁主义、毛泽东思想、邓小平理论的指引下，坚持人民民主专政，坚持改革开放，沿着建设有中国特色社会主义的道路，集中力量进行社会主义现代化建设，发展社会主义市场经济，加强社会主义民主与法制建设，加强社会主义精神文明建设，加速民族自治地方经济、文化的发展，建设团结、繁荣的民族自治地方，为各民族的共同繁荣，把祖国建设成为富强、民主、文明的社会主义国家而努力奋斗。

《中华人民共和国民族区域自治法》是实施宪法规定的民族区域自治制度的基本法律。

第一章 总 则

第一条 中华人民共和国民族区域自治法，根据中华人民共和国宪法制定。

第二条 各少数民族聚居的地方实行区域自治。

民族自治地方分为自治区、自治州、自治县。

各民族自治地方都是中华人民共和国不可分离的部分。

第三条 民族自治地方设立自治机关，自治机关是国家的一级地方政权机关。

民族自治地方的自治机关实行民主集中制的原则。

第四条 民族自治地方的自治机关行使宪法第三章第五节规定的地方国家机关的职权，同时依照宪法和本法以及其他法律规定的权限行使自治权，根据本地方的实际情况贯彻执行国家的法律、政策。

自治州的自治机关行使下设区、县的市的地方国家机关的职权，同时行使自治权。

第五条 民族自治地方的自治机关必须维护国家的统一，保证宪法和法律在本地方的遵守和执行。

第六条 民族自治地方的自治机关领导各族人民集中力量进行社会主义现代化建设。

民族自治地方的自治机关根据本地方的情况，在不违背宪法和法律的原则下,有权采取特殊政策和灵活措施,加速民族自治地方经济、文化建设事业的发展。

民族自治地方的自治机关在国家计划的指导下,从实际出发,不断提高劳动生产率和经济效益,发展社会生产力,逐步提高各民族的物质生活水平。

民族自治地方的自治机关继承和发扬民族文化的优良传统,建设具有民族特点的社会主义精神文明,不断提高各民族人民的社会主义觉悟和科学文化水平。

第七条 民族自治地方的自治机关要把国家的整体利益放在首位,积极完成上级国家机关交给的各项任务。

第八条 上级国家机关保障民族自治地方的自治机关行使自治权,并且依据民族自治地方的特点和需要,努力帮助民族自治地方加速发展社会主义建设事业。

第九条 上级国家机关和民族自治地方的自治机关维护和发展各民族的平等、团结、互助的社会主义民族关系。禁止对任何民族的歧视和压迫,禁止破坏民族团结和制造民族分裂的行为。

第十条 民族自治地方的自治机关保障本地方各民族都有使用和发展自己的语言文字的自由,都有保持或者改革自己的风俗习惯的自由。

第十一条 民族自治地方的自治机关保障各民族公民有宗教信仰自由。

任何国家机关、社会团体和个人不得强制公民信仰宗教或者不信仰宗教,不得歧视信仰宗教的公民和不信仰宗教的公民。

国家保护正常的宗教活动。

任何人不得利用宗教进行破坏社会秩序、损害公民身体健康、妨碍国家教育制度的活动。

宗教团体和宗教事务不受外国势力的支配。

第二章 民族自治地方的建立和自治机关的组成

第十二条 少数民族聚居的地方，根据当地民族关系、经济发展等条件，并参酌历史情况，可以建立以一个或者几个少数民族聚居区为基础的自治地方。

民族自治地方内其他少数民族聚居的地方，建立相应的自治地方或者民族乡。

民族自治地方依据本地方的实际情况，可以包括一部分汉族或者其他民族的居民区和城镇。

第十三条 民族自治地方的名称，除特殊情况外，按照地方名称、民族名称、行政地位的顺序组成。

第十四条 民族自治地方的建立、区域界线的划分、名称的组成，由上级国家机关会同有关地方的国家机关，和有关民族的代表充分协商拟定，按照法律规定的程序报请批准。

民族自治地方一经建立，未经法定程序，不得撤销或者合并；民族自治地方的区域界线一经确定，未经法定程序，不得变动；确实需要撤销、合并或者变动的，由上级国家机关的有关部门和民族自治地方的自治机关充分协商拟定，按照法定程序报请批准。

第十五条 民族自治地方的自治机关是自治区、自治州、自治县的人民代表大会和人民政府。

民族自治地方的人民政府对本级人民代表大会和上一级

国家行政机关负责并报告工作，在本级人民代表大会闭会期间，对本级人民代表大会常务委员会负责并报告工作。各民族自治地方的人民政府都是国务院统一领导下的国家行政机关，都服从国务院。

民族自治地方的自治机关的组织和工作，根据宪法和法律，由民族自治地方的自治条例或者单行条例规定。

第十六条 民族自治地方的人民代表大会中，除实行区域自治的民族的代表外，其他居住在本行政区域内的民族也应当有适当名额的代表。

民族自治地方的人民代表大会中，实行区域自治的民族和其他少数民族代表的名额和比例，根据法律规定的原则，由省、自治区、直辖市的人民代表大会常务委员会决定，并报全国人民代表大会常务委员会备案。

民族自治地方的人民代表大会常务委员会中应当有实行区域自治的民族的公民担任主任或者副主任。

第十七条 自治区主席、自治州州长、自治县县长由实行区域自治的民族的公民担任。自治区、自治州、自治县的人民政府的其他组成人员，应当合理配备实行区域自治的民族和其他少数民族的人员。

民族自治地方的人民政府实行自治区主席、自治州州长、自治县县长负责制。自治区主席、自治州州长、自治县县长，分别主持本级人民政府工作。

第十八条 民族自治地方的自治机关所属工作部门的干部中，应当合理配备实行区域自治的民族和其他少数民族的人员。

第三章　自治机关的自治权

第十九条　民族自治地方的人民代表大会有权依照当地民族的政治、经济和文化的特点，制定自治条例和单行条例。自治区的自治条例和单行条例，报全国人民代表大会常务委员会批准后生效。自治州、自治县的自治条例和单行条例报省、自治区、直辖市的人民代表大会常务委员会批准后生效，并报全国人民代表大会常务委员会和国务院备案。

第二十条　上级国家机关的决议、决定、命令和指示，如有不适合民族自治地方实际情况的，自治机关可以报经该上级国家机关批准，变通执行或者停止执行；该上级国家机关应当在收到报告之日起六十日内给予答复。

第二十一条　民族自治地方的自治机关在执行职务的时候，依照本民族自治地方自治条例的规定，使用当地通用的一种或者几种语言文字；同时使用几种通用的语言文字执行职务的，可以以实行区域自治的民族的语言文字为主。

第二十二条　民族自治地方的自治机关根据社会主义建设的需要，采取各种措施从当地民族中大量培养各级干部、各种科学技术、经营管理等专业人才和技术工人，充分发挥他们的作用，并且注意在少数民族妇女中培养各级干部和各种专业技术人才。

民族自治地方的自治机关录用工作人员的时候，对实行区域自治的民族和其他少数民族的人员应当给予适当的照顾。

民族自治地方的自治机关可以采取特殊措施，优待、鼓励各种专业人员参加自治地方各项建设工作。

第二十三条　民族自治地方的企业、事业单位依照国家规定招收人员时，优先招收少数民族人员，并且可以从农村和牧区少数民族人口中招收。

第二十四条　民族自治地方的自治机关依照国家的军事制度和当地的实际需要，经国务院批准，可以组织本地方维护社会治安的公安部队。

第二十五条　民族自治地方的自治机关在国家计划的指导下，根据本地方的特点和需要，制定经济建设的方针、政策和计划，自主地安排和管理地方性的经济建设事业。

第二十六条　民族自治地方的自治机关在坚持社会主义原则的前提下，根据法律规定和本地方经济发展的特点，合理调整生产关系和经济结构，努力发展社会主义市场经济。

民族自治地方的自治机关坚持公有制为主体、多种所有制经济共同发展的基本经济制度，鼓励发展非公有制经济。

第二十七条　民族自治地方的自治机关根据法律规定，确定本地方内草场和森林的所有权和使用权。

民族自治地方的自治机关保护、建设草原和森林，组织和鼓励植树种草。禁止任何组织或者个人利用任何手段破坏草原和森林。严禁在草原和森林毁草毁林开垦耕地。

第二十八条　民族自治地方的自治机关依照法律规定，管理和保护本地方的自然资源。

民族自治地方的自治机关根据法律规定和国家的统一规划，对可以由本地方开发的自然资源，优先合理开发利用。

第二十九条　民族自治地方的自治机关在国家计划的指导下，根据本地方的财力、物力和其他具体条件，自主地安排地方基本建设项目。

第三十条　民族自治地方的自治机关自主地管理隶属于本地方的企业、事业。

第三十一条　民族自治地方依照国家规定，可以开展对外经济贸易活动，经国务院批准，可以开辟对外贸易口岸。

与外国接壤的民族自治地方经国务院批准，开展边境贸易。

民族自治地方在对外经济贸易活动中，享受国家的优惠政策。

第三十二条　民族自治地方的财政是一级财政，是国家财政的组成部分。

民族自治地方的自治机关有管理地方财政的自治权。凡是依照国家财政体制属于民族自治地方的财政收入，都应当由民族自治地方的自治机关自主地安排使用。

民族自治地方在全国统一的财政体制下，通过国家实行的规范的财政转移支付制度，享受上级财政的照顾。

民族自治地方的财政预算支出，按照国家规定，设机动资金，预备费在预算中所占比例高于一般地区。

民族自治地方的自治机关在执行财政预算过程中，自行安排使用收入的超收和支出的节余资金。

第三十三条　民族自治地方的自治机关对本地方的各项开支标准、定员、定额，根据国家规定的原则，结合本地方的实际情况，可以制定补充规定和具体办法。自治区制定的补充规定和具体办法，报国务院备案；自治州、自治县制定的补充规定和具体办法，须报省、自治区、直辖市人民政府批准。

第三十四条　民族自治地方的自治机关在执行国家税法的时候，除应由国家统一审批的减免税收项目以外，对属于地方财政收入的某些需要从税收上加以照顾和鼓励的,可以实行减税或者免税。自治州、自治县决定减税或者免税,须报省、自治区、直辖市人民政府批准。

第三十五条 民族自治地方根据本地方经济和社会发展的需要,可以依照法律规定设立地方商业银行和城乡信用合作组织。

第三十六条 民族自治地方的自治机关根据国家的教育方针,依照法律规定,决定本地方的教育规划,各级各类学校的设置、学制、办学形式、教学内容、教学用语和招生办法。

第三十七条 民族自治地方的自治机关自主地发展民族教育,扫除文盲,举办各类学校,普及九年义务教育,采取多种形式发展普通高级中等教育和中等职业技术教育,根据条件和需要发展高等教育,培养各少数民族专业人才。

民族自治地方的自治机关为少数民族牧区和经济困难、居住分散的少数民族山区,设立以寄宿为主和助学金为主的公办民族小学和民族中学,保障就读学生完成义务教育阶段的学业。办学经费和助学金由当地财政解决,当地财政困难的,上级财政应当给予补助。

招收少数民族学生为主的学校(班级)和其他教育机构,有条件的应当采用少数民族文字的课本,并用少数民族语言讲课;根据情况从小学低年级或者高年级起开设汉语文课程,推广全国通用的普通话和规范汉字。

各级人民政府要在财政方面扶持少数民族文字的教材和出版物的编译和出版工作。

第三十八条 民族自治地方的自治机关自主地发展具有

民族形式和民族特点的文学、艺术、新闻、出版、广播、电影、电视等民族文化事业，加大对文化事业的投入，加强文化设施建设，加快各项文化事业的发展。

民族自治地方的自治机关组织、支持有关单位和部门收集、整理、翻译和出版民族历史文化书籍，保护民族的名胜古迹、珍贵文物和其他重要历史文化遗产，继承和发展优秀的民族传统文化。

第三十九条 民族自治地方的自治机关自主地决定本地方的科学技术发展规划，普及科学技术知识。

第四十条 民族自治地方的自治机关，自主地决定本地方的医疗卫生事业的发展规划，发展现代医药和民族传统医药。

民族自治地方的自治机关加强对传染病、地方病的预防控制工作和妇幼卫生保健，改善医疗卫生条件。

第四十一条 民族自治地方的自治机关自主地发展体育事业，开展民族传统体育活动，增强各族人民的体质。

第四十二条 民族自治地方的自治机关积极开展和其他地方的教育、科学技术、文化艺术、卫生、体育等方面的交流和协作。

自治区、自治州的自治机关依照国家规定，可以和国外进行教育、科学技术、文化艺术、卫生、体育等方面的交流。

第四十三条 民族自治地方的自治机关根据法律规定，制定管理流动人口的办法。

第四十四条 民族自治地方实行计划生育和优生优育，提高各民族人口素质。

民族自治地方的自治机关根据法律规定，结合本地方的实际情况，制定实行计划生育的办法。

第四十五条 民族自治地方的自治机关保护和改善生活环境和生态环境，防治污染和其他公害，实现人口、资源和环境的协调发展。

第四章 民族自治地方的人民法院和人民检察院

第四十六条 民族自治地方的人民法院和人民检察院对本级人民代表大会及其常务委员会负责。民族自治地方的人民检察院并对上级人民检察院负责。

民族自治地方人民法院的审判工作，受最高人民法院和上级人民法院监督。民族自治地方的人民检察院的工作，受最高人民检察院和上级人民检察院领导。

民族自治地方的人民法院和人民检察院的领导成员和工作人员中，应当有实行区域自治的民族的人员。

第四十七条 民族自治地方的人民法院和人民检察院应当用当地通用的语言审理和检察案件，并合理配备通晓当地通用的少数民族语言文字的人员。对于不通晓当地通用的语言文字的诉讼参与人，应当为他们提供翻译。法律文书应当根据实际需要，使用当地通用的一种或者几种文字。保障各民族公民都有使用本民族语言文字进行诉讼的权利。

第五章 民族自治地方内的民族关系

第四十八条 民族自治地方的自治机关保障本地方内各民族都享有平等权利。

民族自治地方的自治机关团结各民族的干部和群众，充分调动他们的积极性，共同建设民族自治地方。

第四十九条 民族自治地方的自治机关教育和鼓励各民族的干部互相学习语言文字。汉族干部要学习当地少数民族的语言文字，少数民族干部在学习、使用本民族语言文字的同时，也要学习全国通用的普通话和规范汉字。

民族自治地方的国家工作人员，能够熟练使用两种以上当地通用的语言文字的，应当予以奖励。

第五十条 民族自治地方的自治机关帮助聚居在本地方的其他少数民族，建立相应的自治地方或者民族乡。

民族自治地方的自治机关帮助本地方各民族发展经济、教育、科学技术、文化、卫生、体育事业。

民族自治地方的自治机关照顾本地方散居民族的特点和需要。

第五十一条 民族自治地方的自治机关在处理涉及本地方各民族的特殊问题的时候，必须与他们的代表充分协商，尊重他们的意见。

第五十二条 民族自治地方的自治机关保障本地方内各民族公民都享有宪法规定的公民权利，并且教育他们履行公民应尽的义务。

第五十三条 民族自治地方的自治机关提倡爱祖国、爱人民、爱劳动、爱科学、爱社会主义的公德，对本地方内各民族公民进行爱国主义、共产主义和民族政策的教育。教育各民族的干部和群众互相信任、互相学习、互相帮助，互相尊重语言文字、风俗习惯和宗教信仰，共同维护国家的统一和各民族的团结。

第六章　上级国家机关的职责

第五十四条　上级国家机关有关民族自治地方的决议、决定、命令和指示，应当适合民族自治地方的实际情况。

第五十五条　上级国家机关应当帮助、指导民族自治地方经济发展战略的研究、制定和实施，从财政、金融、物资、技术和人才等方面，帮助各民族自治地方加速发展经济、教育、科学技术、文化、卫生、体育等事业。

国家制定优惠政策，引导和鼓励国内外资金投向民族自治地方。

上级国家机关在制定国民经济和社会发展计划的时候，应当照顾民族自治地方的特点和需要。

第五十六条　国家根据统一规划和市场需求，优先在民族自治地方合理安排资源开发项目和基础设施建设项目。国家在重大基础设施投资项目中适当增加投资比重和政策性银行贷款比重。

国家在民族自治地方安排基础设施建设，需要民族自治地方配套资金的，根据不同情况给予减少或者免除配套资金的照顾。

国家帮助民族自治地方加快实用科技开发和成果转化，大力推广实用技术和有条件发展的高新技术，积极引导科技人才向民族自治地方合理流动。国家向民族自治地方提供转移建设项目的时候，根据当地的条件，提供先进、适用的设备和工艺。

第五十七条　国家根据民族自治地方的经济发展特点和

需要，综合运用货币市场和资本市场，加大对民族自治地方的金融扶持力度。金融机构对民族自治地方的固定资产投资项目和符合国家产业政策的企业，在开发资源、发展多种经济方面的合理资金需求，应当给予重点扶持。

国家鼓励商业银行加大对民族自治地方的信贷投入，积极支持当地企业的合理资金需求。

第五十八条 上级国家机关从财政、金融、人才等方面帮助民族自治地方的企业进行技术创新，促进产业结构升级。

上级国家机关应当组织和鼓励民族自治地方的企业管理人员和技术人员到经济发达地区学习，同时引导和鼓励经济发达地区的企业管理人员和技术人员到民族自治地方的企业工作。

第五十九条 国家设立各项专用资金，扶助民族自治地方发展经济文化建设事业。

国家设立的各项专用资金和临时性的民族补助专款，任何部门不得扣减、截留、挪用，不得用以顶替民族自治地方的正常的预算收入。

第六十条 上级国家机关根据国家的民族贸易政策和民族自治地方的需要，对民族自治地方的商业、供销和医药企业，从投资、金融、税收等方面给予扶持。

第六十一条 国家制定优惠政策，扶持民族自治地方发展对外经济贸易，扩大民族自治地方生产企业对外贸易经营自主权，鼓励发展地方优势产品出口，实行优惠的边境贸易政策。

第六十二条 随着国民经济的发展和财政收入的增长，上级财政逐步加大对民族自治地方财政转移支付力度。通过一般性财政转移支付、专项财政转移支付、民族优惠政策财政转移支付以及国家确定的其他方式，增加对民族自治地方的资金投入，用于加快民族自治地方经济发展和社会进步，逐步缩小与发达地区的差距。

第六十三条 上级国家机关在投资、金融、税收等方面扶持民族自治地方改善农业、牧业、林业等生产条件和水利、交通、能源、通信等基础设施；扶持民族自治地方合理利用本地资源发展地方工业、乡镇企业、中小企业以及少数民族特需商品和传统手工业品的生产。

第六十四条 上级国家机关应当组织、支持和鼓励经济发达地区与民族自治地方开展经济、技术协作和多层次、多方面的对口支援，帮助和促进民族自治地方经济、教育、科学技术、文化、卫生、体育事业的发展。

第六十五条 国家在民族自治地方开发资源、进行建设的时候，应当照顾民族自治地方的利益，作出有利于民族自治地方经济建设的安排，照顾当地少数民族的生产和生活。国家采取措施，对输出自然资源的民族自治地方给予一定的利益补偿。

国家引导和鼓励经济发达地区的企业按照互惠互利的原则，到民族自治地方投资，开展多种形式的经济合作。

第六十六条 上级国家机关应当把民族自治地方的重大生态平衡、环境保护的综合治理工程项目纳入国民经济和社会发展计划，统一部署。

民族自治地方为国家的生态平衡、环境保护作出贡献的，国家给予一定的利益补偿。

任何组织和个人在民族自治地方开发资源、进行建设的时候，要采取有效措施，保护和改善当地的生活环境和生态环境，防治污染和其他公害。

第六十七条 上级国家机关隶属的在民族自治地方的企业、事业单位依照国家规定招收人员时，优先招收当地少数民族人员。

在民族自治地方的企业、事业单位，应当尊重当地自治机关的自治权，遵守当地自治条例、单行条例和地方性法规、规章，接受当地自治机关的监督。

第六十八条 上级国家机关非经民族自治地方自治机关同意，不得改变民族自治地方所属企业的隶属关系。

第六十九条 国家和上级人民政府应当从财政、金融、物资、技术、人才等方面加大对民族自治地方的贫困地区的扶持力度，帮助贫困人口尽快摆脱贫困状况，实现小康。

第七十条 上级国家机关帮助民族自治地方从当地民族中大量培养各级干部、各种专业人才和技术工人；根据民族自治地方的需要，采取多种形式调派适当数量的教师、医生、科学技术和经营管理人员，参加民族自治地方的工作，对他们的生活待遇给予适当照顾。

第七十一条 国家加大对民族自治地方的教育投入，并采取特殊措施，帮助民族自治地方加速普及九年义务教育和发展其他教育事业，提高各民族人民的科学文化水平。

国家举办民族高等学校，在高等学校举办民族班、民族预科，专门或者主要招收少数民族学生，并且可以采取定向招生、定向分配的办法。高等学校和中等专业学校招收新生的时候，对少数民族考生适当放宽录取标准和条件，对人口特少的少数民族考生给予特殊照顾。各级人民政府和学校应当采取多种措施帮助家庭经济困难的少数民族学生完成学业。

国家在发达地区举办民族中学或者在普通中学开设民族班，招收少数民族学生实施中等教育。

国家帮助民族自治地方培养和培训各民族教师。国家组织和鼓励各民族教师和符合任职条件的各民族毕业生到民族自治地方从事教育教学工作，并给予他们相应的优惠待遇。

第七十二条　上级国家机关应当对各民族的干部和群众加强民族政策的教育，经常检查民族政策和有关法律的遵守和执行。

第七章　附　　则

第七十三条　国务院及其有关部门应当在职权范围内，为实施本法分别制定行政法规、规章、具体措施和办法。

自治区和辖有自治州、自治县的省、直辖市的人民代表大会及其常务委员会结合当地实际情况，制定实施本法的具体办法。

第七十四条　本法由全国人民代表大会通过，自1984年10月1日起施行。